Inscription néopunique

d'Altiburos

(Lignes 8 et 9)

par

Philippe Berger

Sous-Bibliothécaire de l'Institut

PARIS

Librairie Léopold Cerf

13, rue de Médicis, 13

—

1891

Inscription néopunique

d'Altiburos

(Lignes 8 et 9)

par

Philippe Berger

Sous-Bibliothécaire de l'Institut

PARIS

Librairie Léopold Cerf

13, rue de Médicis, 13

1891

A M. JOSEPH DERENBOURG

EN L'HONNEUR

DU QUATRE-VINGTIÈME ANNIVERSAIRE DE SA NAISSANCE

21 août 1891.

Paris, 21 août 1891.

Cher maître,

Une de vos plus jolies notes épigraphiques est
celle que vous avez consacrée à la grande inscription néopunique d'Altiburos. Nous disons d'Altiburos, parce que nous savons aujourd'hui, grâce
à vous, le nom antique de l'endroit où a été trou-
vée cette inscription. Auparavant, on l'appelait
l'inscription de M'deina. M. de Sainte-Marie, à
qui nous en devons la connaissance, en l'en-
voyant à l'Académie des Inscriptions, en 1873,
avait même estropié ce nom, et c'est sous le nom
d'inscription de Landeina qu'elle nous était par-
venue.

Le 2 octobre 1874, vous en avez fait l'objet
d'une communication à l'Académie[1], dans la-

1. *Comptes - rendus de l'Académie des Inscriptions et
Belles-Lettres*, 2 oct. 1874, p. 306.

quelle vous établissiez que les premiers mots devaient se lire :

לאדן בעל חמן באלתברש

Au seigneur Baal Hammon d'Altiburos.

Votre lecture, non seulement a donné une base sûre au déchiffrement de cette inscription, la plus longue des inscriptions néopuniques, en indiquant dans quel ordre d'idées il fallait chercher pour en trouver le sens, mais elle a permis d'établir avec certitude que les ruines qui portent le nom de M'deina sont bien celles de l'ancienne ville d'Altiburos, mentionnée sur la carte de Peutinger, et elle nous a livré du même coup la forme punique de ce nom.

Depuis lors, M. Halévy a publié une traduction à peu près complète de l'inscription au *Journal asiatique* [1], et il a déchiffré avec beaucoup de sagacité les noms propres qui remplissent les sept premières lignes. M. Euting [2] s'en est également occupé ; enfin, à mon tour, j'ai été amené à en reprendre l'étude [3], à cause des difficultés que me paraissait présenter l'agencement de cette série

---

1. *Journal asiatique*, déc. 1874, p. 593-594.
2. *Zeitschrift der d. morgenl. Gesellsch.*, t. XXIX (1875), p. 235-239.
3. *Journal asiatique*, avril-juin 1887, p. 457-466.

interminable de noms propres, et j'ai été assez heureux pour reconnaître que l'inscription se divise en deux parties :

La première (ligne 1-5), qui est formée des noms et de la généalogie de douze personnages, qui avaient fait le vœu dont cette inscription est destinée à perpétuer la mémoire ;

La seconde (ligne 5-7), qui est occupée par des noms de magistrats éponymes et de prêtres.

C'est encore vous qui m'aviez guidé dans cette voie. En effet, au milieu de la ligne 5, vous avez lu d'une façon qui ne laisse place à aucun doute : כרר בירח, « au mois de Karar ». En suivant cette piste, je suis arrivé à traduire la seconde moitié de l'inscription de la manière suivante :

(L. 5). « Au mois de Karar, en l'année de Balal,
» le sacrificateur, fils de [Jasuktân], sous (l. 6) les
» suffètes Massiva, fils de Jazram, et Azrubaal,
» fils de Barac, et Ç...çlân, fils de Sâsbel, et Ma-
» biou, [l'augure], préposé (l. 7) aux prêtres de
» Neithmân, et (= étant ?) prêtre de Baal Ham-
» mon Ouarouçân, fils d'Aris ; parce qu'il a
» entendu leur voix et les a bénis. »

Il n'y a plus que la fin de la ligne 4 et le commencement de la ligne 5 qui résistent, et je ne suis pas encore arrivé à les lire d'une façon satis-

faisante. Faut-il voir dans les titres qu'on y entre-
voit le commencement de la seconde partie, ou
bien n'est-ce pas une indication relative aux
douze auteurs du vœu? Le titre עלת המקדשם,
« préposés aux choses sacrées », par où se termine
la partie obscure, serait favorable à la seconde
manière de voir ; en effet, une inscription de Car-
thage (c. i. s. 175 ; cf. 168 et 169) mentionne des
« *decemvirs* préposés aux choses sacrées » : עשרת
האשם אש על המקדשם. Le mot וחברנם « et leurs
collègues » (cf. c. i. s. nᵒ 265 et page 228), qui clôt
la liste des douze auteurs du vœu sur notre inscription, semble indiquer qu'il s'agit bien ici d'un
collège sacré. La suite du contexte : המזבח et un
ou deux noms propres nouveaux qu'on croit lire
au commencement de la ligne 5 rendent la chose
plus douteuse.

Quoi qu'il en soit, l'ensemble est certain, et
nous pouvons suivre la marche de la phrase d'un
bout à l'autre. Elle se termine, à la fin de la
ligne 7, par les mots : « parce qu'il a entendu leur
voix et les a bénis. » Le sens est complet, il
semble qu'il n'y ait plus rien à ajouter.

L'inscription d'Altiburos ne s'arrête pourtant
pas là. Après ces sept longues lignes, très soi-
gneusement gravées, on aperçoit, sur le rebord
même de l'encadrement, deux lignes plus courtes

et négligemment écrites, qui n'ont fait qu'écorcher la surface très dure de la pierre schisteuse noire sur laquelle est tracée l'inscription. On dirait un *graffito* plutôt qu'une suite de l'inscription. La difficulté de la lecture a rebuté tous ceux qui se sont occupés de l'inscription d'Altiburos ; moi-même, je les avais indiquées par deux lignes de points, renonçant à les lire. A force de voir le monument au Musée du Louvre, peu à peu mes yeux se sont faits à ces caractères, et si je ne suis pas parvenu à en débrouiller pleinement le sens, je suis arrivé à une lecture qui me paraît à peu près certaine, et que je vous demande la permission de soumettre à l'autorité de votre jugement. Je l'ai accompagnée de quelques notes destinées plutôt à la justifier et à marquer mes doutes, qu'à servir de commentaire à une traduction dans laquelle vous trouverez peut-être que l'hypothèse a une trop large part.

Voici comment je lis ces deux lignes :

8 אש העלא כא עלת או מ[ש]חת במקדש

9 אש [עבד]מלך [שם] נדרא

La première ligne (l. 8) offre un sens assez satisfaisant. העלא est le hiphil du verbe עלה « monter »; les mots העלא עלת correspondent à l'hébreu הֶעֱלָה עֹלָה « faire monter », c'est-à-dire « brûler un holocauste ». Il faut traduire אש העלא כא עלת : « qui ont consommé ici l'holocauste. »

Le mot עלת est accompagné d'un second terme désignant une autre sorte de sacrifice. Je lisais d'abord מנחת « offrande », mais un examen attentif montre clairement משחת ; ce terme se trouve d'ailleurs, Nombres, xviii, 8, avec le sens de « sacrifice votif », qui convient encore mieux. Tout cela irait très bien sans les deux lettres qui séparent עלת de משחת. On s'attendrait à trouver ו = « et » ; il y a או = « ou », ce qui trouble toute l'économie de la phrase. « Qui ont consommé l'holocauste et le sacrifice votif » serait satisfaisant ; « ou le sacrifice votif » ne l'est guère. Pourtant, je ne vois pas comment construire autrement la phrase.

La fin de la ligne במקדש est claire. מקדש désigne un lieu sacré ou un objet sacré. Je traduis « dans le sanctuaire ».

La seconde ligne (l. 9), qui est encore plus courte, est pleine d'obscurités. Il n'y a de sûr que אש = « qui » ou « que », au commencement et נדרא « a voué » ou « avait voué », à la fin. [עבד]מלך = « Abdmelek » est très douteux ; שם l'est aussi ; et puis quel sens en tirer ? « Qu'Abdmelek avait voué là » ? Mais le vœu n'a pas été fait par Abd-melek, mais par douze individus dont aucun ne porte ce nom. Il n'y a que le premier dont le nom s'en rapproche un peu ; encore n'est-ce pas Abd-melek, mais Abdmelqart.

Je laisse donc toute la seconde ligne dans le doute, et je traduis, pour indiquer le tour de la phrase :

« Qui ont consommé [dans ce sanctuaire] l'holocauste [ou] le sacrifice votif qu'[Abd]melek [avait] voués [là]. »

Malgré l'incertitude de cette traduction, il me semble entrevoir le lien de ces deux lignes avec ce qui précède : c'est la constatation de l'accomplissement du vœu. Les *duodecim viri sacrorum* d'Altiburos avaient fait un vœu, sous le contrôle et la garantie du prêtre de Baal Hammon et de Mabiou l'augure ; on nous dit qu'il a été réellement accompli par le ministère de ces prêtres.

On comprend dès lors pourquoi ces deux lignes sont si mal écrites ; elles ne font plus partie de l'inscription, c'est une note additionnelle. C'est la décharge que l'on met en marge d'une pièce officielle.

Vous voudrez bien me pardonner, cher maître, de vous offrir si peu de chose et de n'avoir guère

que des doutes à vous soumettre, mais j'ai tenu
à joindre aux hommages de vos élèves, pour
vous témoigner mon profond respect, une contri-
bution, si modeste qu'elle soit, qui rappelle ce
que vous doit l'épigraphie du nord de l'Afrique.

PHILIPPE BERGER.

VERSAILLES, IMP. CERF ET FILS, 59, RUE DUPLESSIS.

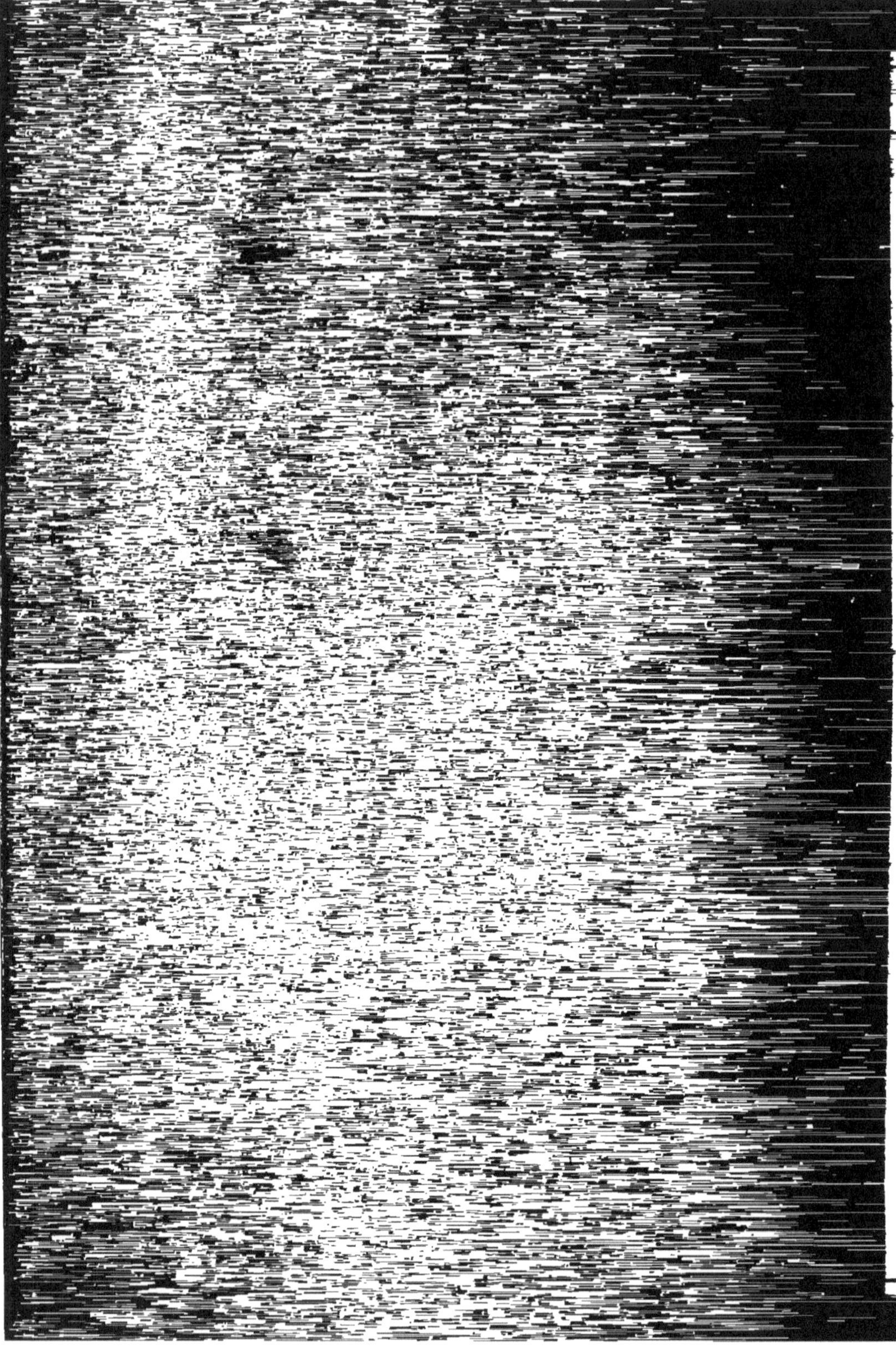

www.ingramcontent.com/pod-product-compliance
Lightning Source LLC
Chambersburg PA
CBHW061806060726
47597CB00007B/3130